Partout, on fête

Directrice de collection : Denise Gaouette
Frieda Wishinsky

Table des matières

Des fêtes pour célébrer 3

La fête des Mères 4

Le Nouvel An chinois 7

L'Action de grâces au Canada 10

L'Action de grâces aux États-Unis 12

La fête nationale de l'Australie 14

Le festival du N'cwala 17

Le Cinco de Mayo 20

Des fêtes pour toute l'année 23

Index 24

Des fêtes pour célébrer

Partout dans le monde,
on célèbre les occasions spéciales.
Certaines fêtes rappellent
des événements passés.
D'autres fêtes servent à remercier
des personnes.
Toutes les fêtes permettent
aux personnes de se réunir
et de s'amuser.

La fête des Mères

Dans plusieurs pays,
on célèbre la fête des Mères.
La fête des Mères a lieu au printemps.
C'est une occasion
de dire à notre maman
qu'elle est une personne spéciale.

▲ Plusieurs enfants font des cartes pour leur maman.

Il y a plusieurs années, en Angleterre, on célébrait le « Mothering Sunday ». Les personnes apportaient des petits cadeaux ou des gâteaux à leur maman.

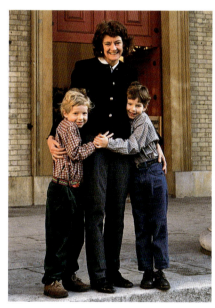

▲ En Angleterre, on célèbre toujours le « Mothering Sunday ».

Aux États-Unis, Anna Jarvis voulait
que les Américains choisissent une journée
pour rendre hommage aux mamans.
Elle a écrit des lettres à des personnes importantes.

Ces personnes ont choisi
le deuxième dimanche de mai
pour célébrer la fête des Mères.
Ce même dimanche, on célèbre
la fête des Mères au Canada
et dans d'autres pays.

Le Nouvel An chinois

Dans le calendrier chinois, le premier jour de l'année arrive entre le 21 janvier et le 21 février.
Partout dans le monde, plusieurs personnes célèbrent le Nouvel An chinois.

Plusieurs Chinois croient que la couleur rouge apporte le bonheur.

La célébration du Nouvel An chinois
a débuté en Chine, il y a très longtemps.
On célébrait cette fête au printemps,
avant que les agriculteurs
commencent les semailles.

Il y a des danseurs
sous le dragon.
Ils font bouger
le corps du dragon.

Les enfants reçoivent de l'argent dans des enveloppes rouges.

La fête du Nouvel An chinois dure 15 jours.
Le premier jour, tout le monde porte
des vêtements neufs et danse dans les rues.
Certaines personnes paradent
dans des costumes de dragon ou de lion.

La fête du Nouvel An chinois se termine
par le festival des lanternes.
Les boutiques sont décorées avec des lanternes.
Les personnes paradent avec des lanternes.

L'Action de grâces du Canada

Au Canada, on célèbre
l'Action de grâces
le deuxième lundi d'octobre.
Les personnes se réunissent
pour fêter les récoltes.

▲ On fête l'Action de grâces dans les rues.

◀ Sir Martin Frobisher, un explorateur d'Angleterre

La première fête de l'Action de grâces
a eu lieu il y a très longtemps.
Sir Martin Frobisher, un explorateur d'Angleterre,
a accosté dans le nord du Canada.
Il a organisé une fête
pour célébrer son arrivée.

L'Action de grâces aux États-Unis

Aux États-Unis, on célèbre
l'Action de grâces
le quatrième jeudi de novembre.
Les personnes se réunissent
pour fêter les récoltes.

Beaucoup d'Américains mangent de la dinde à l'Action de grâces.

La première fête de l'Action de grâces
a eu lieu il y a très longtemps.
Les autochtones avaient enseigné aux colons
comment chasser, pêcher et cultiver la terre.
Les colons ont organisé une fête
pour célébrer les récoltes.
Ils ont invité leurs voisins autochtones
pour les remercier de leur aide.

La première fête de l'Action de grâces aux États-Unis en 1621.

La fête nationale de l'Australie

La fête nationale de l'Australie
est la plus grande fête
de ce pays.
Cette fête a lieu le 26 janvier.

◀ Les personnes regardent la parade et agitent des drapeaux australiens.

Le jour de la fête nationale de l'Australie, plusieurs personnes deviennent des citoyens australiens. On donne aussi des récompenses à des Australiens qui ont aidé leur communauté.

▼ Des courses de bateaux ont lieu dans le port de Sydney.

Le jour de la fête nationale de l'Australie,
il y a des parades.
Il y a aussi des spectacles
qui racontent l'histoire des Australiens.
Plusieurs familles passent la journée
à la plage. Ils pratiquent des sports
ou participent à des courses de bateaux.

▼ La fête nationale de l'Australie à la plage

Le festival du N'cwala

Il y a environ 200 ans, le peuple des Ngoni s'est établi en Zambie. Chaque année, on célèbre le festival des moissons. Ce festival se nomme N'cwala. Ce mot ngoni veut dire « premiers fruits ».

Des danseurs ngoni

Le festival du N'cwala a lieu dans le village de Mutenguleni.

La danse occupe une place importante dans le festival du N'cwala.
Les meilleurs danseurs participent à la fête.
Ils portent des costumes traditionnels pour danser.

une parure de tête en poil de zèbre

Ce garçon ngoni porte un costume traditionnel.

un n'kholi
(un bâton de bois)

un bouclier en cuir et en poil de vache

Les femmes ngoni forment un cercle autour des danseurs.

**Les personnes ont beaucoup de plaisir au festival du N'cwala.
Les femmes ngoni tapent dans leurs mains et chantent. Les hommes dansent.**

C'est un grand honneur de danser à l'occasion du festival du N'cwala.

Le Cinco de Mayo

Au Mexique et aux États-Unis,
on célèbre la fête du Cinco de Mayo.
Ces mots espagnols veulent dire
« cinq mai ».
Cette fête rappelle aux personnes
une bataille célèbre
qui a eu lieu le 5 mai.

La bataille de Puebla

À la fête du Cinco de Mayo, on porte souvent des vêtements traditionnels mexicains. ▶

Il y a plusieurs années,
le Mexique et la France étaient en guerre.
Les Français avaient plus de soldats
et plus d'armes que les Mexicains.
Les Français étaient certains
de gagner la guerre.
Les Mexicains se sont battus avec courage.
Ils ont gagné la bataille de Puebla.

Cette carte montre Puebla au Mexique.

Les personnes ont beaucoup de plaisir le jour du Cinco de Mayo.
Il y a des parades.
Il y a des discours et des histoires sur la bataille.
Il y a des chants et de la danse.

Le jour du Cinco de Mayo, plusieurs enfants paradent dans les rues.

Des fêtes pour toute l'année

Quelles fêtes célèbres-tu ?

	Fêtes	Dates
	Le Nouvel An chinois	entre le 21 janvier et le 21 février
	La fête nationale de l'Australie	le 26 janvier
	Le festival du N'cwala	le 24 février
	Le Mothering Sunday	un dimanche en mars ou en avril
	Le Cinco de Mayo	le 5 mai
	La fête des Mères (dans plusieurs pays)	le deuxième dimanche de mai
	L'Action de grâces (au Canada)	le deuxième lundi d'octobre
	L'Action de grâces (aux États-Unis)	le quatrième jeudi de novembre

Index

Angleterre   5, 11

Australie   14 à 16, 23

Bataille de Puebla   21

Canada   6, 10, 11, 23

Chine   8, 9

États-Unis   12 et 13, 20, 23

Festival des lanternes   9

Frobisher, Martin   11

Jarvis, Anna   6

Mexique   20 à 22

Mothering Sunday   5, 23

Ngoni   17 à 19

N'kholi   18

Puebla   20, 21

Zambie   17